Zaubersprüche für das Selbstvertrauen

Lauren White

arsEdition

☆ INHALT ☆

altes Buch mit Zaubersprüchen ...

kapitel I

Wie man dieses Buch benutzt

WIE MAN DIESES BUCH BENUTZT

Magie wird schon seit Tausenden von Jahren eingesetzt, um das Leben angenehmer zu gestalten!
Wenn Sie also den Schlüssel für den einfachen Weg zum Erfolg finden wollen ~ lesen Sie weiter ...

☆ DIE ZAUBERSPRÜCHE ☆

Eine kurze Charakterisierung am Anfang jedes Zaubers zeigt Ihnen auf einen Blick, wann und wofür er eingesetzt wird ...

Außerdem verdeutlicht eine Werteskala den Grad der Schwierigkeit, des Zeitaufwands und der Zuverlässigkeit jedes Zaubers ...

SCHWIERIGKEITSGRAD

- * .... ein Klacks!
- * * .... kein Problem
- * * * . Konzentration gefragt

ZEITAUFWAND

- ★ .... gering
- ★ ★ ..... reservieren Sie den Abend
- ★ ★ ★ Geduld gefragt ..

ZUVERLÄSSIGKEIT

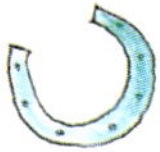

- ★ .... viel Glück!
- ★ ★ ..... bewährt
- ★ ★ ★ Erfolg garantiert ...

Wenn Sie etwas geübter sind, werden Sie Zaubersprüche verändern und persönlich abwandeln wollen ~ oder sogar einen neuen erfinden. Denken Sie daran, dass SIE die Kraft steuern, die Sie jedem Zauber geben. Es liegt also an Ihnen ....

Zaubern ist wie kochen:
Gute Zutaten und viel
Erfahrung bringen das
beste Ergebnis ...

- Lesen Sie den gewählten Zauber vorher genau, sodass Sie die notwendigen Dinge bereitlegen können.
- Nehmen Sie sich Zeit, die richtige Atmosphäre zu schaffen.
- Sie brauchen keine feierliche Ruhe, oft macht es Spaß, in einer Gruppe zu zaubern ~ stellen Sie nur sicher, dass jeder genügend Zeit und Platz hat.

Hexenhut

Kapitel

II

Zauber-Ausrüstung: allgemeine Tipps und Hinweise

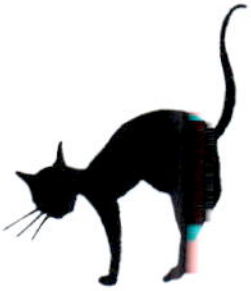

☆ BRANCHENÜBLICHE WERKZEUGE ☆

• eine große Tüte mit magischen Dingen •

Die magische Trick-Tüte sollte enthalten:

Sie würden vielleicht gerne noch Krötenaugen und den Schwanz eines Molchs hinzufügen, aber offen gesagt, das ist nicht nötig! ...

✩ DEN ZAUBERSTAB AUSSUCHEN ✩

Ein Zauberstab ist ein sehr persönlicher Gegenstand.

Der traditionelle Zauberstab

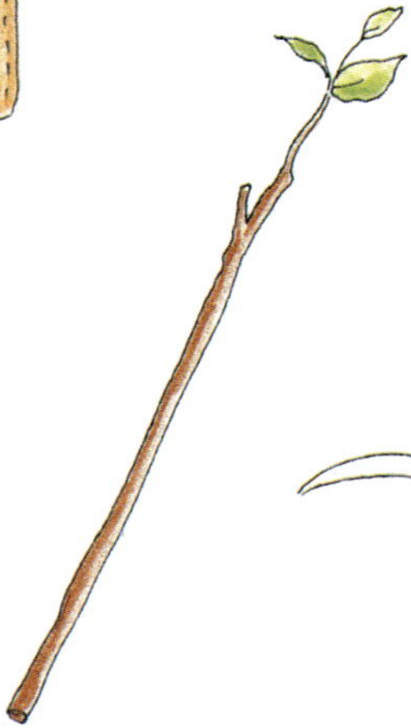

Traditionell

wird ein Zauberstab bei Neumond mit einer silbernen Sichel von einer Birke geschnitten.

Wie auch immer, Sie können sich Ihren Zauberstab selbst gestalten ...

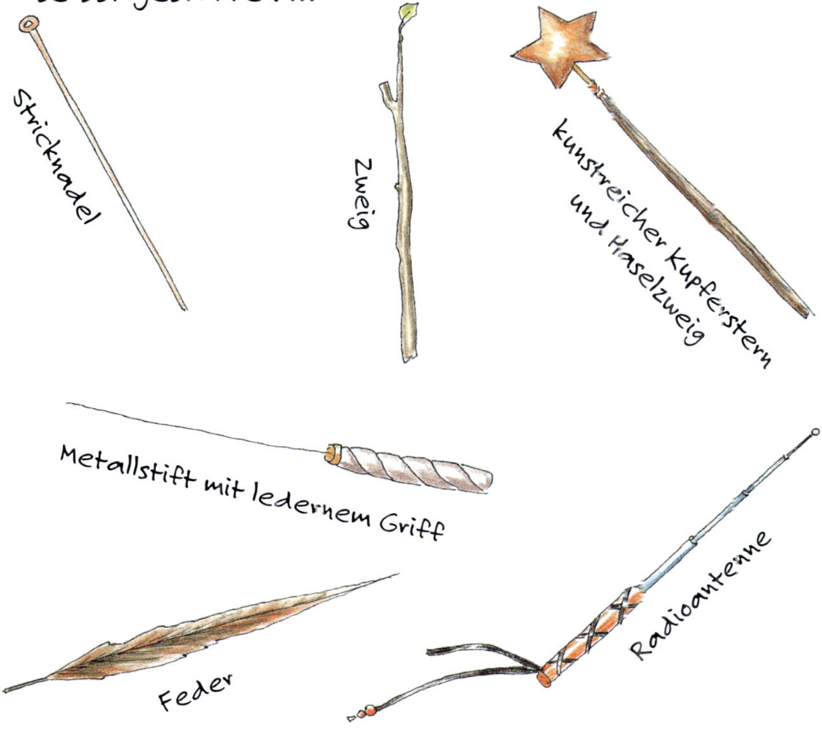

… die richtigen Zutaten auszusuchen …

... kann viel Zeit in Anspruch nehmen! ....

DER MAGISCHE REGENBOGEN

Rot – Energie, Leidenschaft

Grün – Verständnis, Vergebung, Friede

Gelb – Hoffnung, Aktivität

In der Magie erzeugen verschiedene Farben unterschiedliche Stimmungen und Energien .....

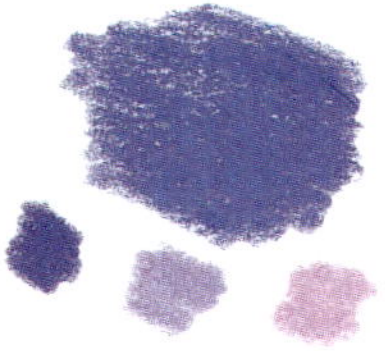

Lila – Weisheit,
Feierlichkeit

Weiß – Reinheit

Blau – Stabilität, Hoffnung

Rosa – echte Liebe,
Ehrlichkeit

Orange – Leben,
Wärme, Kooperation

✩ DIE ZAUBERKRAFT DER BLUMEN ✩

Ringelblume – verbessert die telepathischen Fähigkeiten. Hilft Ihnen, Probleme klar zu erkennen.

Basilikum – verstärkt positive Gedanken.

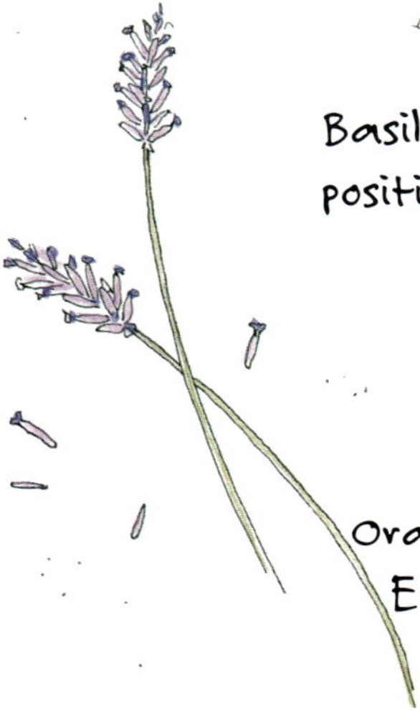

Lavendel – besonders gut zur Läuterung und zum Schutz.

Orangenblüte – Euphorie!

Zitronenmelisse – streichelt die Seele ...

Kamille – lindernd und besänftigend, beruhigt den Geist.

Rosmarin – keimtötend, reinigend, steht für Aktivität.

Jasmin – lindert Schmerzen und entspannt.

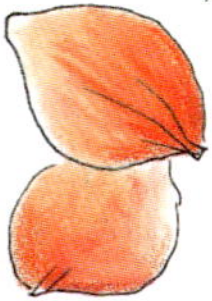

Rose – besänftigt und beruhigt, hilft bei Depressionen.

Oft verlangt ein Zauber Essenzen aus diesen oder anderen Pflanzen und Blüten ......

Noch einige Extra-Punkte ...

Hexenkunst ist genau das ~ eine KUNST, vergleichbar mit Holzschnitzen oder Stricken. Es erfordert Zeit und Geduld, wenn man sie perfektioniert.

Denken Sie daran – kaufen Sie immer Bio-Ware ein (wenn es möglich ist ...)

WARNUNG

Bitte benutzen Sie Zaubermixturen VORSICHTIG ...
Wissenschaftliche Untersuchungen haben gezeigt, dass zu viel unverdünnte Zauberflüssigkeit in den Wasserkreislauf gelangt und dort großen Schaden anrichtet!

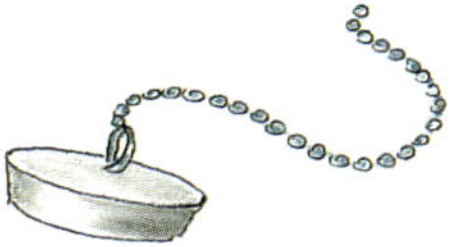

»Krötenauge«!

kapitel III

Freunde gewinnen und Menschen beeinflussen

WIE MAN AUFFÄLLT

Dieser Zauber ist vor allem bei Partys, Interviews etc. nützlich, immer dann, wenn Sie »auffallen« wollen.

SCHWIERIGKEITSGRAD	ZEITAUFWAND	ZUVERLÄSSIGKEIT
*	★	★ ★

SCHNELL, EINFACH UND ERSTAUNLICH EFFEKTIV!!!

Glocke

SIE BRAUCHEN

kleiner Stern
(aus Karton geschnitten?)

Majoran (beruhigt den Geist, besänftigt die Seele)

VORGEHENSWEISE

(I) Stellen Sie sich vor, Sie seien der Stern.

(II) Legen Sie Ihren Stern auf eine flache Unterlage und bestreuen Sie ihn mit Majoran.

...klinge....linge....ling....

(III) Läuten Sie die Glocke und jeder in Ihrer Umgebung wird von Ihrem strahlenden neuen Ich angezogen sein!

(IV) Tragen Sie den Stern immer bei sich ~ das gibt Ihnen ein sicheres Auftreten!

GELEEBONBONS BESCHWÖREN

Mit diesem Zauber können Sie eine bestimmte Person herbeirufen. Sie müssen dafür nicht unbedingt Geleebonbons verwenden, aber wenn Sie es tun, können Sie den Rest aufessen!

SCHWIERIGKEITSGRAD	ZEITAUFWAND	ZUVERLÄSSIGKEIT
* *	★	★ ★

ANMERKUNG Dieser Zauber ermutigt einen befreundeten oder geliebten Menschen, Kontakt mit Ihnen aufzunehmen.

Setzen Sie ihn selten ein, denn es ist nicht fair, einfach über jedermann zu verfügen.

☆ SIE BRAUCHEN ☆

farbiges Seil

Fotografie

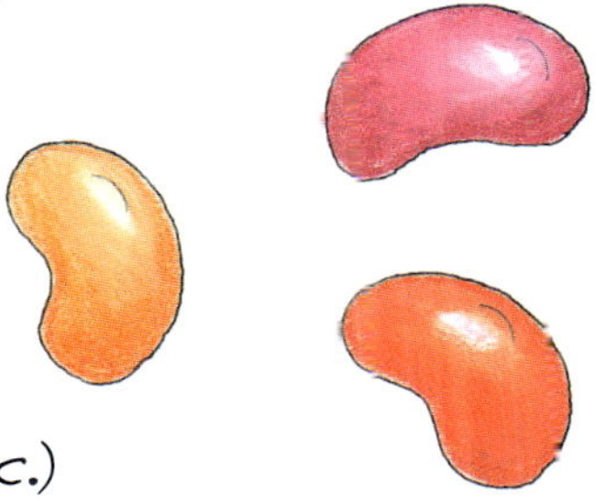

Geleebonbons (runde Bonbons, bunte Geldstücke, Gummidrops etc.)

Es ist die Kraft der Farbe, die mit dem Geist der von Ihnen ausgewählten Person korrespondiert, deshalb ist es wichtig, die richtige Auswahl zu treffen ...

VORGEHENSWEISE

(I) Wählen Sie eine Farbe, die dem Charakter der Person entspricht:
z. B. Johanna ist keck und laut =

Sie wählen ein Geleebonbon und ein Band in ROT.

(II) Schlingen Sie das Band um Johannas Foto.

Lassen Sie das Ganze mindestens eine Stunde wirken, damit Johannas Energie absorbiert wird.

(III) Nehmen Sie das Band und befestigen Sie damit das Geleebonbon an Ihrem Telefon.

(IV) Essen Sie die restlichen Geleebonbons und warten Sie, bis das Telefon klingelt ...

DAS GEHEIMNIS DES MAGNETISMUS

VORSICHT Dieser Zauber verstärkt die sexuelle Anziehungskraft enorm, setzen Sie ihn deshalb mit großer Umsicht ein!

SCHWIERIGKEITSGRAD	ZEITAUFWAND	ZUVERLÄSSIGKEIT
✱ ✱	★	★ ★ ★

SIE BRAUCHEN

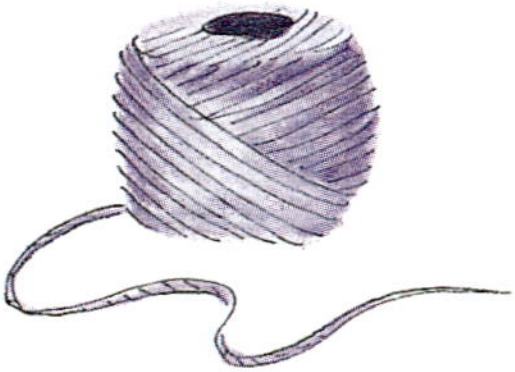

* Ein kleines Stück eisenhaltiges Metall

* (ein Stückchen Eisen, Stahl oder eine Blechdose ~ nicht aus Alu ~ genügen)

SPEZIELLE BEDINGUNGEN

Tageslicht ~
warmes, windiges Wetter

Eine Wäscheleine wäre nützlich, aber Sie können auch jede andere Schnur nehmen!

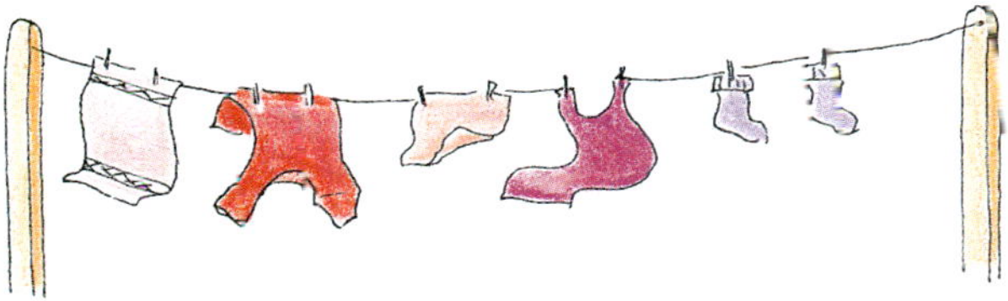

Ziel des Zaubers ist es, die »anziehenden« Eigenschaften in den Apfel zu bekommen. Wenn Sie ihn dann essen, nehmen Sie diese Eigenschaften in sich auf. Dummerweise ist die Wirkung nur von kurzer Dauer ...

VORGEHENSWEISE

Hängen Sie einfach a) einen Magneten

b) einen Apfel

c) Metall

in dieser Reihenfolge, genau eine Stunde, auf.

(Achten Sie darauf, dass sich die Schnüre nicht verknoten!)

Alles, was Sie dann noch zu tun haben ist den Apfel zu essen und Sie werden sehen, dass die Menschen sich zu Ihnen hingezogen fühlen ...

ES IST ~~MEINE~~ DEINE PARTY

Wenn Ihnen das Leben ein wenig eintönig vorkommt, können ein paar interessante Einladungen belebend wirken. Dies ist der Zauber, durch den man Gäste gewinnt ... Einfach!

SCHWIERIGKEITSGRAD	ZEITAUFWAND	ZUVERLÄSSIGKEIT
*	* * *	* *

SIE BRAUCHEN

- einen Umschlag
- BLAU
- eine Muschel
- Stift und Papier
- Siegellack
- einen Molch (siehe Kap. 11)

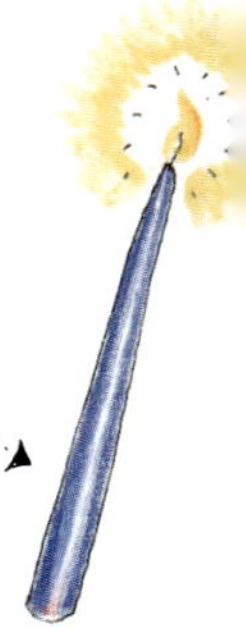

VORGEHENSWEISE

(I) Zünden Sie die Kerze an.

(II) Sammeln Sie sich und schreiben Sie dreimal langsam die Worte »komm zu mir«.

(III) Versiegeln Sie Papier und Muschel in dem Umschlag.

(IV) Legen Sie den Umschlag unter Ihr Kissen und schlafen Sie eine Woche darauf.

(V) Nehmen Sie Ihr Partykleid aus dem Schrank!

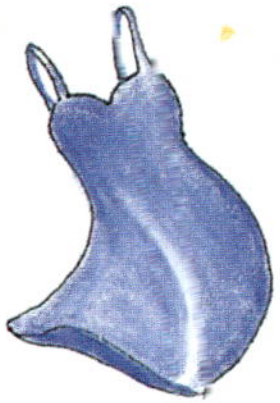

FUSSNOTE

Nachforschungen in alten und geheimen Manuskripten haben ergeben, dass derjenige, der diesen Zauber anwendet, oft am Fenster einen Molch in einem goldenen Käfig hält, der nach Besuchern und Boten Ausschau hält.

Auch im Interesse des Tierschutzes ist das nicht unbedingt nötig .....

Zaubertrank-Messbecher

kapitel

IV

Erfolg … (das Geheimnis von …)

DER RETTUNGSRING-ZAUBER

SCHWIERIG-KEITSGRAD	ZEITAUFWAND	ZUVERLÄSSIG-KEIT
* * *	★	★ ★ ★

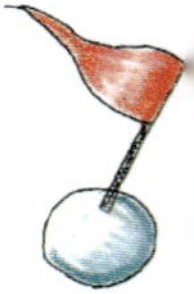

Dieser Zauber sorgt dafür, dass jedes Ereignis reibungslos abläuft. Ihre Aussichten für den erfolgreichen Ausgang einer Party, eines beruflichen Gesprächs oder sogar eines Zahnarztbesuchs steigen erheblich.

NACHTEIL

Kann nächtliche Aktivitäten bedeuten!

SIE BRAUCHEN

☆ VORGEHENSWEISE ☆

(I) Kreuzen Sie die Stäbe so, dass sie in die vier Himmelsrichtungen zeigen.

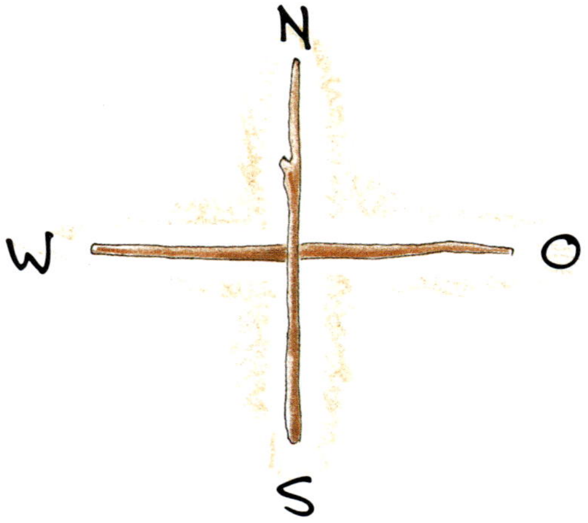

(II) Raspeln Sie die Orangen- und die Zitronenschale ab und die Hälfte der Muskatnuss.

(III) Geben Sie alles in das Glas und fügen Sie Wasser hinzu.

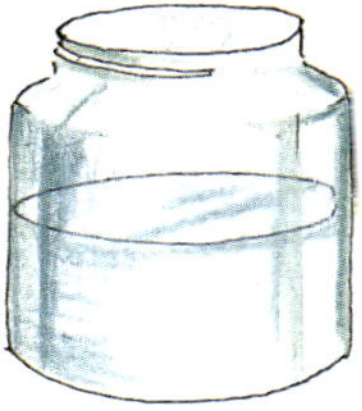

(IV) Nehmen Sie Ihren Zauberstab und spritzen Sie das Wasser mit seiner Spitze erst nach Norden, dann nach Osten, Süden und Westen, wie von den Zweigen angezeigt.

Und es geht alles glatt ...

DIE KUNST DER KONVERSATION

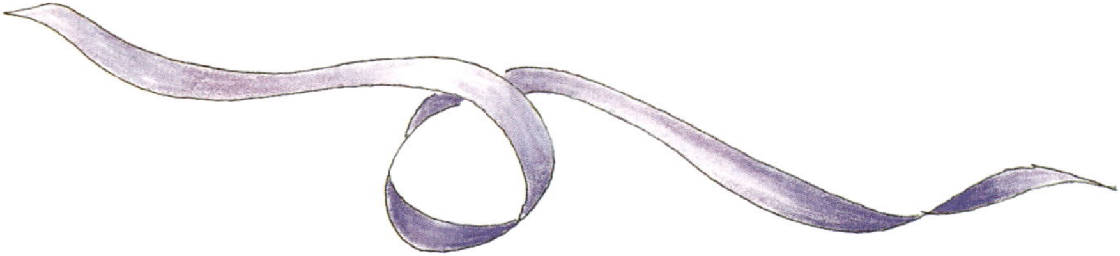

SCHWIERIGKEITSGRAD	ZEITAUFWAND	ZUVERLÄSSIGKEIT
* * *	★	★ ★

ANMERKUNG

Dieser alte Zauber soll der Versuchsperson »Engelszungen« verleihen, damit sie ihre Zuhörer betört.

VERSICHERN SIE SICH, DASS SIE BEI KLAREM UND SCHARFEM VERSTAND SIND ...

Dies ist ein faszinierender Zauber, der mit mehr Übung immer besser funktioniert. Sie müssen sich vorstellen, der Anhänger sei ihr Verstand. Er wird mit einem Band gebunden und repräsentiert dann Ihren Gedankenfluss, der zusammengebunden wurde. In dem Augenblick, in dem Sie das Band lösen ~ Hokuspokus!!

☆ ZUTATEN ☆

VORGEHENSWEISE

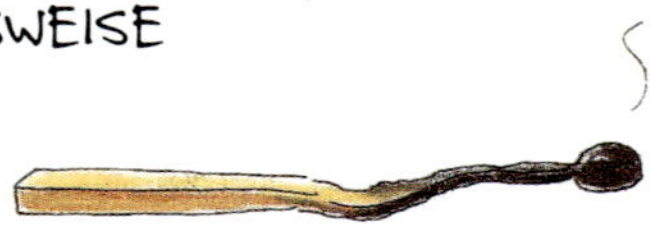

(I) Zünden Sie die Kerze an. Lassen Sie sie nie unbeaufsichtigt!

(II) Schlingen Sie das Band um den Anhänger und lassen Sie es so über Nacht liegen.

(III) Essen Sie den Honig, während Sie feierlich den Anänger losbinden.

(IV) Blasen Sie die Kerze aus und fesseln Sie jedermann mit ihrer geistreichen Konversation!

»Wirklich niemals ...«
»Was Sie nicht sagen!«
»Das ist ja faszinierend!!!«
»Tatsächlich?«
»Wirklich erstaunlich ...«

MIT EINEM SCHNELLEN ZAUBER VOM ARMEN SCHLUCKER ZUM REICHEN MANN!

oder

Ein einfaches Heilmittel gegen finanzielle Engpässe

SCHWIERIGKEITSGRAD	ZEITAUFWAND	ZUVERLÄSSIGKEIT
*	★ ★ ★	★ ★ ★

Dies ist ein Zauber, mit dem Sie dringend benötigtes Bargeld herbeiwünschen können, wenn es daran einmal fehlen sollte.
Der Zauber befähigt Sie, günstige Gelegenheiten zu erkennen, die Sie normalerweise nicht wahrnehmen würden … (GELD HIER ENTLANG ->)

SIE BRAUCHEN

ANMERKUNG

Grün ist eine sehr günstige Farbe, um Reichtum anzuziehen. Tragen Sie also Grün, wenn Sie diesen Zauber ausführen.

(ein spezielles Grün verhext Geizhälse!!)

AM ERSTEN TAG

(I) Zünden Sie eine Kerze an (es hilft, wenn Sie sich große Berge von Münzen vorstellen).

(II) Werfen Sie die Münze in den Wein und lassen Sie beides über Nacht stehen.

(III) Blasen Sie die Kerze aus, sobald die Münze im Wein liegt!

(IV) Nehmen Sie die Münze am Morgen heraus, legen Sie sie auf ein Fensterbrett.

* * *

Wiederholen Sie diese Prozedur an 5 Tagen.

* * *

AM SECHSTEN TAG wickeln Sie die Münze sorgfältig in den Lappen und vergraben das Päckchen an einem geheimen Ort.

Lehnen Sie sich zurück und lassen Sie den Rubel anrollen!!!

EINE GLÜCKLICHE HAND

Dies ist ein alter Zauberspruch, um das Glück anzuziehen. Natürlich kann er nicht alles in Gold verwandeln, aber er kann das Leben lebenswert machen!

SCHWIERIGKEITSGRAD	ZEITAUFWAND	ZUVERLÄSSIGKEIT
*	★	★ ★

ANMERKUNG

Das beste Ergebnis erzielen Sie, wenn Sie den Zauber im hellen Sonnenlicht ausüben! ....

SIE BRAUCHEN

3 kleine gelbe Blumen
(am besten Butterblumen)

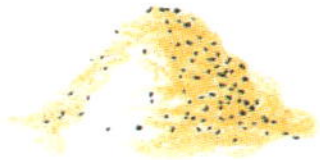

Prise Kurkuma

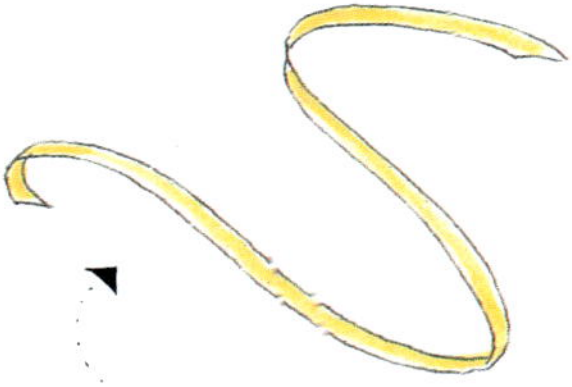

GELB

eine Ähre reifen Weizen
(oder notfalls einen Tee-
löffel Vollkornmehl!)

Armbanduhr

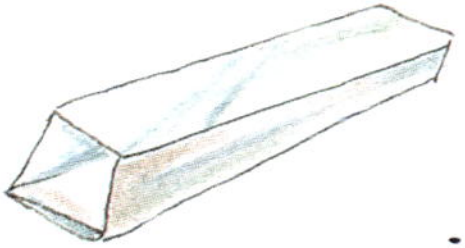

kleiner Quarz-Kristall

• plus •

ein großes viereckiges Stück gelben Stoff.

Wenn es aus Seide und schön bemalt ist, umso besser!

VORGEHENSWEISE

(I) Breiten Sie das Seidentuch flach aus und warten Sie genau 5 Minuten.

(II) Legen Sie alle Zutaten auf den Stoff ...

... warten Sie weitere 5 Minuten ...

(III) Binden Sie die Enden des Tuches zusammen, hängen Sie dann das Bündel in ein offenes Fenster.

Das Glück wird ununterbrochen hereinströmen ...

DER RING DES VERTRAUENS

Ein schneller Zauber voll elementarer Kraft!

SCHWIERIGKEITSGRAD	ZEITAUFWAND	ZUVERLÄSSIGKEIT
*	★ ★	★ ★ ★

VORSICHT

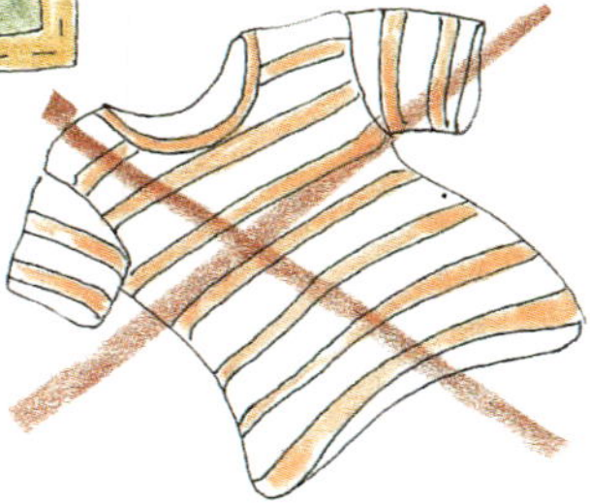

Tragen Sie nichts Gestreiftes, wenn Sie diesen Zauber ausführen, denn es könnte den Energiefluss stören!

SIE BRAUCHEN

goldener Ring

(steht für FEUER)

Rosenblätter

(stehen für ERDE)

Salz

(steht für MEER bzw. WASSER)

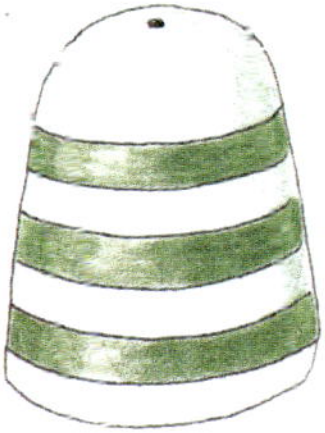

BLAU

(steht für LUFT)

eine Flasche
guten Weißwein

Der Zauber sollte bei zunehmendem Mond ausgeführt werden.
Ein Gewitter wäre ideal!

Dieser Zauber schenkt Ihnen:
die LEIDENSCHAFT des FEUERS ~ die STÄRKE der ERDE ~ die LEICHTIGKEIT der LUFT und die KRAFT des WASSERS ....

VORGEHENSWEISE

(I) Zünden Sie die Kerze an.

(II) Mischen Sie die Rosenblätter mit einer Hand voll Salz und vergraben Sie den Ring darin.

(III) Sprenkeln Sie etwas Wein darüber.

(IV) Lassen Sie alles über Nacht liegen.

(V) Streifen Sie den Ring auf Ihren Finger und genießen Sie die neu gewonnene Energie der Elemente!

REGEN-POWER!

Dies ist ein spezieller Zauber, der Ihren Sinn für Motivation und Kraftentfaltung fördert! (Wow!!)

SCHWIERIGKEITSGRAD	ZEITAUFWAND	ZUVERLÄSSIGKEIT
* * *	★ ★	★ ★

SIE BRAUCHEN

drei kleine Kieselsteine

eine Tasse Salz

eine kleine Hand voll Sand

ANMERKUNG Dieser Zauber erfordert besondere Voraussetzungen und ein bisschen Vorbereitung, aber es lohnt sich, auf den richtigen Augenblick zu warten.

* * *

Im Voraus

* * *

Beobachten Sie das Wetter und BEVOR es stark zu regnen beginnt, tun Sie Folgendes:

(1) Vermischen Sie Sand und Salz sorgfältig ...

gehen Sie dann nach draußen und ...

(II) legen Sie die Kieselsteine hin:

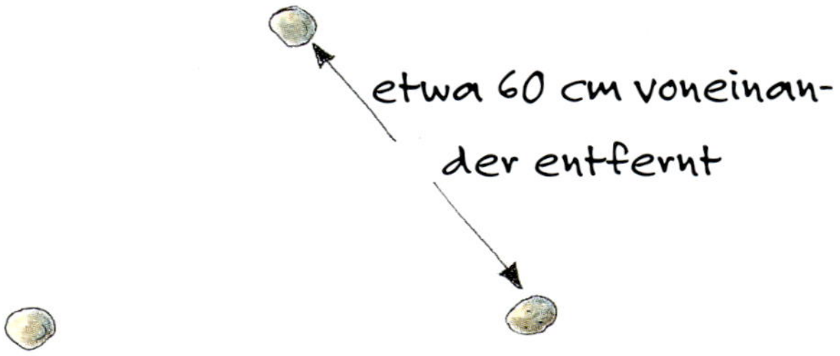

(III) Streuen Sie das Salz und den Sand zwischen die Steine, sodass Sie ein Dreieck erhalten.

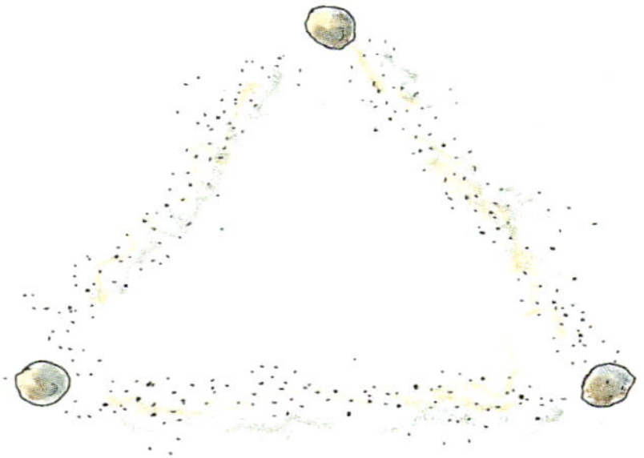

(IV) Wenn es zu regnen beginnt, stellen Sie sich in die Mitte des Dreiecks und beobachten sie, wie die Begrenzungslinien nach und nach weggeschwemmt werden.

(V) Wenn nur noch die Kieselsteine übrig sind, sammeln Sie sie ein und heben sie sorgfältig auf.

Dieser Zauber wirkt sehr befreiend – es wird nichts mehr geben, was Sie nicht erreichen können!

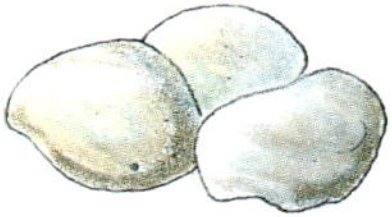

Fledermausflügel

Kapitel V

Die Schöne oder das Biest?

HAARPRACHT HEUTE

Zauber für eine herrliche Haarpracht

SCHWIERIGKEITSGRAD	ZEITAUFWAND	ZUVERLÄSSIGKEIT
* *	★	★

Haben Sie sich jemals gefragt, worin die Volksweisheit über die Vorzüge von Regenwasser für die Haarpflege ihren Ursprung hat? Vielleicht in diesem Zauber! Über Generationen hinweg haben ihn Hexen mit glänzender Mähne regelmäßig benutzt ....

☆ SIE BRAUCHEN ☆

Zusätzlich zu einem Kübel frischem Regenwasser:

(✶) Der Zauber beruht auf der Magie des Umkehrschlusses: Ein Mann ohne Haupthaar hat all seine Kraft in den Füßen (die durchaus behaart sein können!).

(✶✶) Das Original-Manuskript verlangt die »Augen eines Molchs«, aber Rosinen tun es auch!!

VORGEHENSWEISE

Geben Sie ½ Tasse Regenwasser in eine Schüssel, fügen Sie Lorbeer- und Efeublatt sowie die Rosinen hinzu.

Gießen Sie die Flüssigkeit durch die Socke ...

Zum Schluss ...

sprenkeln Sie die Flüssigkeit mit der Spitze ihres Zauberstabes (sofern Sie einen besitzen) oder Ihrem Zeigefinger vorsichtig auf Ihren Kopf.

»Voilà – prächtiges Haar!!« ...

WARNUNG Tauchen Sie Ihr Haar nicht in die Mixtur, denn es könnte sehr schnell und kräftig wachsen!

DER SCHLANKHEITS-ZAUBER

ein

Schneller Zauber für die figurbewusste Hexe!

SCHWIERIGKEITSGRAD	ZEITAUFWAND	ZUVERLÄSSIGKEIT
*	★	★★

SIE BRAUCHEN

eine große, dünne, blaue Kerze
ein Stück Spaghetti
1 Zimtstange
1 Zündholz (abgebrannt)

Vielleicht haben Sie bemerkt, dass alle Zutaten etwas gemeinsam haben: sie sind DÜNN.

1 Lorbeerblatt

ein langes Stück Schnur

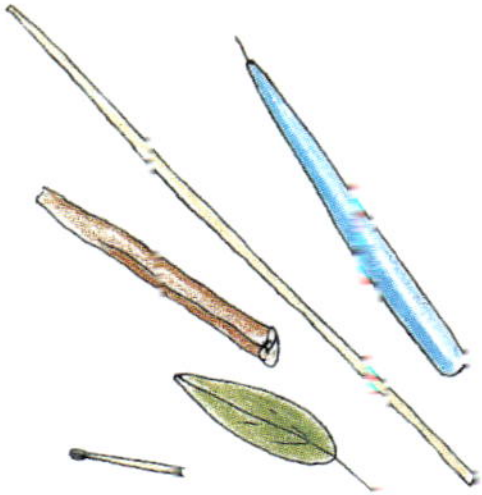

VORGEHENSWEISE

(I) Zünden Sie die Kerze an.

(II) Binden Sie alle Zutaten mit der Schnur fest zusammen.

(III) Geben Sie das Bündel in ein warmes Bad.

Wenn Sie diesen Zauber regelmäßig anwenden, überträgt das Wasser seine Kräfte auf Sie. Sie werden mit der Figur eines jungen Mädchens aus der Wanne steigen.

DAS GEHEIMNIS EWIGER JUGEND

SCHWIERIGKEITSGRAD	ZEITAUFWAND	ZUVERLÄSSIGKEIT
* *	★ ★ ★	★

Heutzutage gibt es Hexen, die behaupten, mehrere hundert Jahre alt zu sein. Es ist schwierig, dies zu beweisen; manche sollen es bei diesem Zauber schwören ...

SIE BRAUCHEN

ein frisches grünes Blatt

ein Stück Orangenschale

den Schwanz einer Maus (!) oder

eine »Lakritzschnecke«

Quellwasser

eine Trockenpflaume

eine Untertasse

VORGEHENSWEISE

(I) Legen Sie die Pflaume in eine Schüssel mit Quellwasser und lassen Sie alles über Nacht stehen. Am nächsten Tag sind ihre Falten verschwunden.

(II) Lösen Sie den Stein aus der Pflaume und legen Sie ihn mit den anderen Zutaten auf einen flachen Unterteller.

(III) Stellen Sie den Unterteller einen Monat lang in die Nähe Ihres Bettes. Während dieser Zeit werden die Zutaten darauf faltig werden, während Sie eine glatte und jugendliche Haut bekommen.

Idealerweise sollten Sie diesen Zauber jedes Jahr um die Zeit Ihres Geburtstags ausüben.

Spezielle Zauberschürze

kapitel VI

Alles haben!

SEINEN WILLEN DURCHSETZEN

WARNHINWEIS

Setzen Sie diesen Zauber selten und nur mit den besten Absichten ein!

SCHWIERIGKEITSGRAD	ZEITAUFWAND	ZUVERLÄSSIGKEIT
* * *	★	★ ★

SIE BRAUCHEN

ein Foto von sich

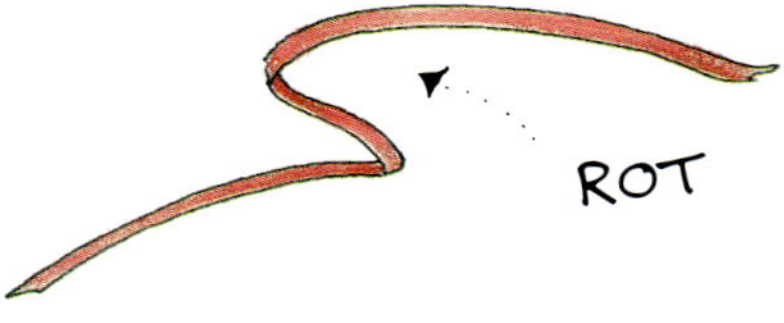

ROT

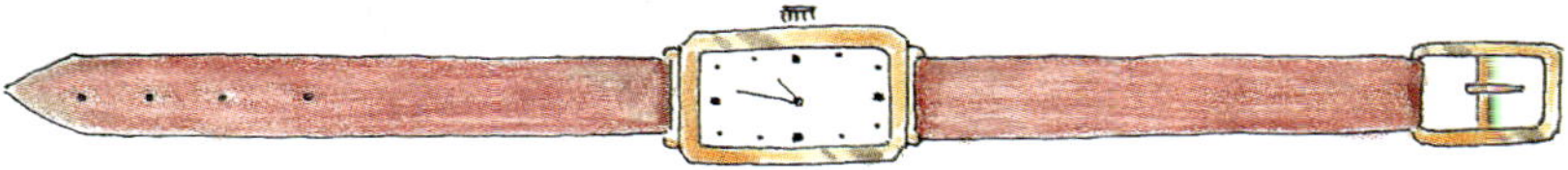

Armbanduhr

Umschlag

Pfefferminzöl

eine Hand voll frisches Gras

Wenn Sie diesen Zauber mit Umsicht einsetzen, werden Ihnen die Menschen zu Füßen liegen.

VORGEHENSWEISE

(I) Legen Sie das Foto und die Uhr in den Umschlag.

(II) Binden Sie das Gras mit dem Band zu einem kleinen Bündel und besprengen Sie das Ganze mit Pfefferminzöl, das erhöht die Energie.

(III) Legen Sie das Bündel auf den (versiegelten) Umschlag und lassen Sie alles über Nacht liegen, damit es Ihre Energie aufnehmen kann.

(IV) Bei Sonnenaufgang lösen Sie das Band und zerstreuen das Gras in alle vier Himmelsrichtungen ~ das wird IHREN Einfluss überall verteilen.

(V) Öffnen Sie den Umschlag, legen Sie die Armbanduhr an und hüpfen Sie dreimal. Das bewirkt, dass jeder für Sie Zeit hat.

Sie stehen nur 24 Stunden im Mittelpunkt, also machen Sie das Beste daraus ...

DER BESONDERE REIZ!

Dieser Zauber ist bekannt als »sprühender Zauber« ...

Der Gedanke ist, die Energie des Neumondes zu nutzen und sie dann zur Verfügung zu haben, wenn man etwas mehr Sex-Appeal braucht.

SCHWIERIGKEITSGRAD	ZEITAUFWAND	ZUVERLÄSSIGKEIT
*	★	★★★

BEDINGUNGEN Es muss eine Neumond-Nacht sein.

Der Erfolg dieses Zauberspruchs hängt offensichtlich auch vom Grad der Bewölkung ab.

SIE BRAUCHEN

Spiegel

silberne Kordel

• plus •

ein junges grünes Blatt (ein x-beliebiges)

ein kleines Stück purpurroten Stoff (vorzugsweise Seide)

ANMERKUNG

Dieser Zauber kann entweder im Freien oder an einem Fenster ausgeführt werden. Es ist wichtig, dass Sie den Spiegel so positionieren können, dass das Mondlicht direkt hineinscheint ...

(I) Legen Sie den Spiegel auf eine ebene Fläche, sodass er die Energie des Neumonds aufnehmen kann.

(II) Legen Sie die Dinge darauf ...

(III) Schlagen Sie das Blatt in den Stoff ein und umschlingen Sie das Päckchen fest mit dem silbernen Faden.

Alles, was Sie tun müssen, ist die Prozedur wiederholen, um aufzutanken ...

Wenn Sie einen Energieschub brauchen, stecken Sie das »Energie-Bündel« einfach in ihre Tasche. Nehmen Sie es mit, wann immer Sie eine Extraportion Charme und Esprit brauchen! …

DIE TÜR ÖFFNEN

Vergessen Sie Feng Shui ~

Dieser Zauber ist alles, was Sie brauchen, um negative Einflüsse zu eliminieren, ihre Umgebung mit Energie aufzuladen und die Atmosphäre ganz allgemein zu verbessern ...

SCHWIERIGKEITSGRAD	ZEITAUFWAND	ZUVERLÄSSIGKEIT
★★	★	★★★

ANMERKUNG ZUR MONDPHASE

Dieser Zauber sollte bei Neumond, vorzugsweise im späten Winter oder frühen Frühjahr ausgeführt werden.

SIE BRAUCHEN

einen feinen Pinsel
Quellwasser
Myrtenblätter
Piniennadeln
den eigenen Hausschlüssel

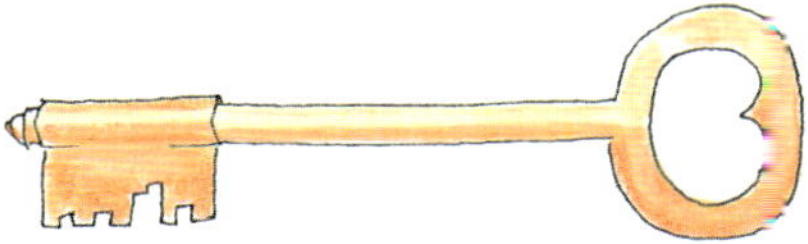

TIPP Tragen Sie Ihr liebstes Kleidungsstück, das erhöht die Macht dieses Zaubers enorm ...

VORGEHENSWEISE

(I) Legen Sie die Myrtenblätter und die Piniennadeln in eine Schale.

(II) Fügen Sie eine Tasse Quellwasser hinzu.

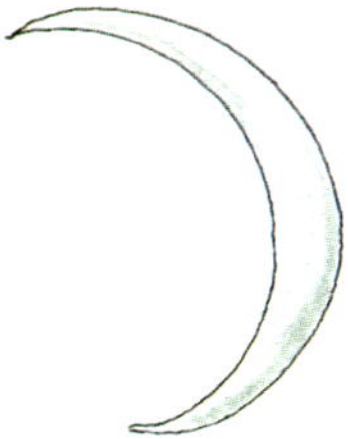

(III) Warten Sie, bis der Mond seine höchste Position am Himmel erreicht hat.

(IV) Legen Sie den Schlüssel in die Schale.

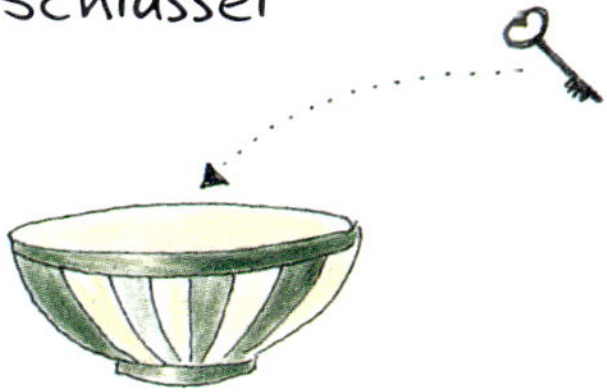

(V) Tragen Sie dieses Wasser mit dem Pinsel um Ihre Eingangstür herum auf.
Sie bekommt dadurch sofort eine magische Anziehungskraft …

(VI) Ihre symbolische Tür ist damit weit offen für alle guten Einflüsse, die sie passieren wollen …

WEG MIT DEM ALTEN

Der Zauber für einen neuen Start ...

SCHWIERIGKEITSGRAD	ZEITAUFWAND	ZUVERLÄSSIGKEIT
* *	★	★ ★ ★

Nehmen Sie einen frischen grünen Apfel und entfernen Sie die Kerne ...

Sie brauchen zusätzlich:

5 Tropfen Patschuli-Öl

1 Knoblauchzehe

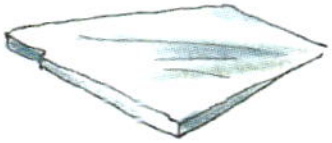

1 weiße Kerze

eine kleine Spiegelscherbe

(Sie können auch ein Stück Alufolie nehmen, aber mit einem Spiegel funktioniert es besser)

• weg mit dem Alten ... her mit dem Neuen •

VORGEHENSWEISE

(I) Zünden Sie die Kerze an und wiederholen Sie die Worte:

WEG MIT DEM ALTEN –
HER MIT DEM NEUEN

(II) Legen Sie die Knoblauchzehe, das Öl und die Spiegelscherbe in die Mitte des Apfels.

(III) Fügen Sie die beiden Hälften wieder zusammen. Blasen Sie die Kerze aus.

(IV) Buddeln Sie ein kleines Loch und vergraben Sie darin den Apfel mit seinem neuen »Inhalt« ...

inzwischen ...

bewahren Sie die Kerne in einer kleinen Tasche oder Schachtel auf.

Während der alte Apfel zu Staub zerfällt, haben Sie in dem kleinen Behälter die Samen für Ihren Neubeginn ...

Hexenschuh

Kapitel

VII

Notfall-Zauber – für die kleinen Probleme des Alltags!

WEG MIT DER TRÜBSAL

Dieser Zauber bringt schnell frische Energie, wenn Sie sich schwach fühlen …

☆ SIE BRAUCHEN ☆

ein Foto und eine Locke von sich

BLAU

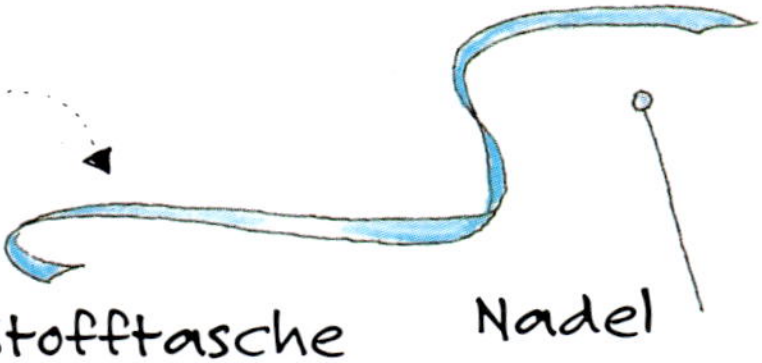

Papier- oder Stofftasche

Nadel

☆ VORGEHENSWEISE ☆

(I) Binden Sie das Band fest um Ihre Haarlocke.

(II) Legen Sie diese, das Foto und die Nadel in Ihre kleine blaue Tasche.

(III) Hängen Sie die Tasche in einen Baum oder an einen anderen Platz in die Höhe.

Mit dem ersten Windstoß
wird Ihre trübe Stimmung
auf einer leichten Brise davonschweben ....

SCHNELLE HILFE

Eine einfache Hexenmedizin für hässliche Flecken und Pickel, die, wie wir alle wissen, immer an wichtigen Tagen auftauchen.

☆ SIE BRAUCHEN ☆

einen roten Wachsstift
den Saft von drei Zitronen
eine große Kartoffel
ein Stück Stoff
eine Reibe

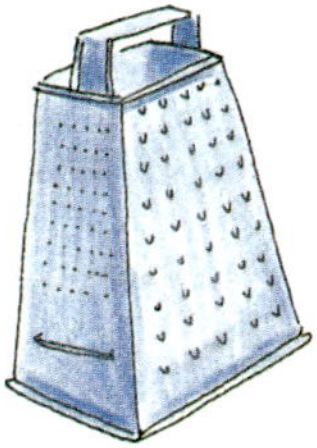

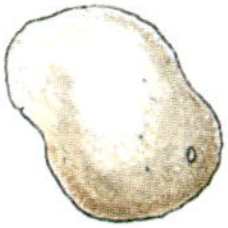

VORGEHENSWEISE

(I) Malen Sie mit dem Wachsstift »Pickel« auf eine Fensterscheibe, durch die der Mond scheint.

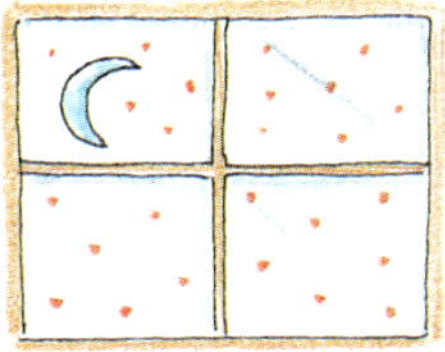

(II) Pressen Sie den Saft der Zitronen aus und reiben Sie die geschälte Kartoffel in eine Schale, vermischen Sie beides. Betupfen Sie das anstößige Ding in Ihrem Gesicht mit der Flüssigkeit.

(III) Tauchen Sie den Stoff in die Flüssigkeit und eliminieren Sie damit die »Pickel« auf dem Fenster (Sie können dabei singen).

(IV) So wie die Flecken auf dem Fenster verschwinden, lösen sich auch Ihre auf!

GROSSE SCHRITTE

Wenn Sie etwas in Ihren Schuh legen, kann das erstaunliche Auswirkungen haben!

SIE BRAUCHEN

ein immergrünes Blatt (siehe Fußnote)

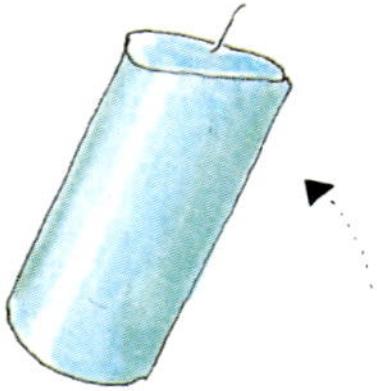

Salz

VORGEHENSWEISE

(I) Zünden Sie die Kerze an und streuen Sie mit Salz einen Ring um die Kerze.

(II) Halten Sie das Blatt kurz über die Flamme (verbrennen Sie sich nicht die Finger!) und legen Sie es in Ihren Schuh ~ einfach.

FUSSNOTE

Immergrüne Blätter sorgen für einen beständigen Energiefluss, der Ihren Schritt beschwingt macht ...

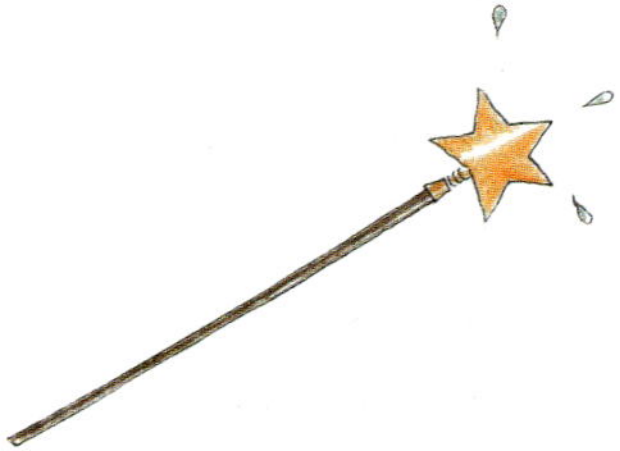

»Jedem Tag einen Hauch Magie verleihen«, so beschreibt Lauren White ihren originellen Zeichenstil. Sie ist in dem Dorf Cranfield in der Grafschaft Bedfordshire geboren und aufgewachsen, später studierte sie Kunst in Hull und London. Nach dem Studium kehrte sie nach Bedfordshire zurück, wo sie jetzt als Illustratorin für eine Stiftung zugunsten Wilder Tiere arbeitet. Sie spielt gerne Klavier und geht mit ihrem Hund Jack spazieren. Egal wohin Lauren White sich begibt, ihr Skizzenbuch ist immer dabei. Von sich selbst sagt sie, dass sie eine beträchtliche Sammlung Murmeln und eine gehörige Portion spitzbübischen Humors besitzt. Lauren Whites gezeichnete Grußkarten werden auf der ganzen Welt verkauft. In diesem Buch hat sie ihren charakteristischen Stil verfeinert und sich die »Magie der einfachen Dinge« zum Thema gemacht.

Weitere Titel in dieser Reihe:
Zaubersprüche für süße Rache
Zaubersprüche für ein perfektes Liebesleben
Zaubersprüche für einen schönen Tag

Übersetzung: Claudia Daiber
Redaktion der deutschen Ausgabe: Annette Maas
Nach den Regeln der neuen Rechtschreibung
Die englische Ausgabe »Spells for self-improvement« erschien 1999 bei
MQ Publications Limited, 254-258 Goswell Road, London ECIV7EB

Printed in Italy
ISBN 3-7607-1793-4